AF339010

DE CAMINADE

ROUERGUE, QUERCY, LANGUEDOC

BARONS DE TOUVRES; MARQUIS DE BAINS, DE BOULOGNE ET D'HINVILLERS; SEIGNEURS DE CAMINADE, DE GRANDVAL, DE MONFALZAT, DE LA CALMETTE, DE CHANLOUP, DE CASTRES, DE CHATENET, D'ASSAC, DE BRIATEXTE, DE NIEUL, DE MORNAC, DE BALZAC, D'AUVILLERS, D'AVRON ET AUTRES LIEUX.

ARMES : *Écartelé : aux 1 et 4, d'azur, à un coq d'argent; aux 2 et 3, de gueules, à un levrier passant d'or, qui est de* CAMINADE DE GRANDVAL; *et sur le tout : de gueules, au chevron d'or, accompagné de 4 étoiles d'argent, 3 en chef et 1 en pointe, qui est de* CAMINADE DE CASTRES ET DE CHATENET. — COURONNE : *de Marquis.* — SUPPORTS : *deux lions.* — DEVISE : *Modica firma.*

ETTE ancienne maison, dont la noblesse se perd dans la nuit des temps, est originaire du Rouergue et du Quercy, d'où elle passa en Languedoc, où elle a été maintenue dans sa noblesse d'ancienne extraction, par jugement de l'intendant de cette province, en date du 20 septembre 1669. Parmi les anciens auteurs qui se sont occupés de cette famille, il faut citer particulièrement l'ouvrage intitulé : « *Monumenta conventus Tolosani ordinis fratrum prœdicatorum primi,* » imprimé en 1693, dans lequel on lit les deux passages suivants qui témoignent de l'antiquité et de la splendeur de cette vieille race :

« Tumulus est familiæ DE CAMINADE (de quâ locutus sum ad annum
» 1589,) subtus altare sancti Thomæ ad cornu Epistolæ, ubi in speluncâ
» jacent illustrissimus Philippus DE CAMINADE curiæ supremæ præses diade-
» matus et ejus uxor Francisca DE ROSIEZ, sepulta 24 julii 1631 ; eorum
» filius conditus 20 augusti 1633, Illustrissimus Johannes-Gaubertus DE
» CAMINADE parlamenti secundus præses 2 augusti 1637, cujus sepulturæ
» missam celebravit reverendissimus Episcopus Rivensis D. de Bertier
» ejus uxoris frater ; Joannes DE CAMINADE, Eques, D. de Monfalzat ad Salsu-
» rarum (Salses) obsidionem lethali vulnere accepto demortuus ; et reve-
» rendissimus Joannes-Bertrandus DE CAMINADE, abbas Bellæ Perticæ
» ordinis Cist, et S. Marcelli tumulatus 24 februarii 1656. Scutum
» præfert CAMINADEA domus, ut in pluribus sacristiæ pannis apparet et in
» argenteâ techâ corporis S. Thomæ, quadripartitum ; in 1 et 4 parte
» fundum cæruleum occupat gallus argenteus ; in 2 et 3 ; rubeum canis
» aureus. » (2ᵉ partie, page 266, D'HOZIER, *Registre. VI, art. Le Franc,*
pp. 5 et 6.)

Page 119 du même livre, 1ʳᵉ partie, on lit encore ce qui suit :

« Tumulus autem est subtus altare sancti Thomæ, plurimos CAMINADEOS
» conventus hujus ardentissimos conservans benefactores quorum
» memoria apud nos viget ; de quibus ago in opusculo cæmeterii nostri,
» ad quos pono ex Claudiano de Robi et Olibrii fratrum consulatu.

» Nec novit mutare vices, sed fixus in omnes cognatos procedit honos,
» quem cumque requires. Hac de stirpe virum, certum est de consule

» nasci. Per fasces numerantur avi, semper que renatâ nobilitate virent :
» et prolem facta sequntur, continuum simili servantia lege tenorem. »

Cette maison a produit un grand nombre de personnages marquants entre lesquels il faut citer : des présidents à mortier; des procureurs généraux au parlement de Toulouse; des députés aux États généraux, au Corps législatif et à la Chambre des députés; un écuyer de la Reine; un contrôleur général des finances du Bourbonnais, trésorier général du Dauphiné; un chevalier de Malte en 1632; des officiers supérieurs; un maréchal de camp, général commandant les Écoles de Saint-Cyr et d'État-Major; des chevaliers et officiers dans les ordres de la Légion d'honneur, de Saint-Louis, de Saint-Michel et du Saint-Esprit, etc.

Ses alliances ont été prises dans les meilleures familles du Languedoc, au nombre desquelles nous citerons celles de : Lavaissière de Severac, de Saint-Jean d'Honoux, Le Franc de Pompignan, de Bertier, de Paulo, de Rosiez, d'Esplats, d'Assezat, du Puy-Montbrun, Lamirault, du Putel de la Croix, d'Achery, de Laville, de Gigord, Forest de Lacoinche, de Mallet-Roquefort, de Montaignac de Chauvance, etc., etc.

Le plus ancien personnage connu par la charte est Guillaume DE CAMINADE qui fit serment de fidélité au comte de Rodez, le 13 mai 1374. (Note ancienne provenant du *Trésor généalogique de dom Villevieille, au Cabinet des titres de la Bibliothèque nationale.)*

Les différents généalogistes, qui ont écrit l'histoire de cette famille, entre autres *d'Hozier* et *La Chesnaye des Bois*, ne la font commencer qu'à Barthélemy DE CAMINADE, vivant en 1460; mais une charte originale qui existe aux *Archives de la noblesse*, nous a permis de faire remonter son origine à Jean DE CAMINADE, que nous trouvons mentionné dans une charte latine du 11 mars 1447.

FILIATION

PREMIER DEGRÉ

I. Noble Jean DE CAMINADE, habitait, en 1447, près du château de Parisot, en la sénéchaussée de Rodez, ainsi qu'il appert d'une charte originale passée le 11 mars de ladite année, en sa maison, par laquelle Jean Dartos fit une reconnaissance féodale à noble Olivier de Verdun, damoiseau, viguier royal des château et ressort de Najac, pour certains biens qu'il possédait dans la juridiction dudit lieu. *(Titre original sur parchemin.)*

Il avait un frère, Pierre DE CAMINADE, habitant de Segur, qui avoua tenir en fief noble et seigneurial du comté d'Armagnac à cause de son comté de Rodez, ses maisons, jardins, etc., situés près du château de Segur, appelés les *Oilhats*, en présence de noble Jean de Saint-Félix, du lieu de Cassanhas-Comptals, le 16 février 1461. *(Trésor généalogique de Dom Villevieille.)*

Jean DE CAMINADE laissa le fils qui suit.

DEUXIÈME DEGRÉ

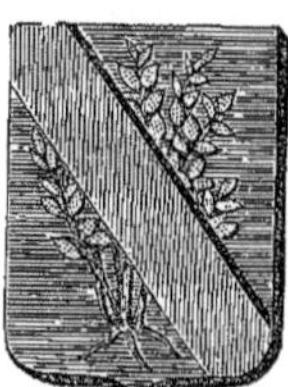

II. Noble Barthelemi DE CAMINADE, écuyer, seigneur de Caminade, terre située à trois lieues de Cahors, sur la route de Villesèque, près du petit village des Salles, naquit en 1459, et fut marié à Marguerite DE LAVAISSIÈRE (1), fille de noble Anthoine de Lavaissière, seigneur de Cantoinet et de Catherine de Severac, son épouse (Voir D'HOZIER, *Registre 1er, 2e partie)*; de ce mariage vint le fils ci-après nommé.

TROISIÈME DEGRÉ

III. Noble Guillaume DE CAMINADE, surnommé *Donat*, chevalier, seigneur DE CAMINADE, né le 28 février 1489, fut marié à Catherine DE SAINT-JEAN D'HONOUX (2), fille de Jean-Paul de Saint-Jean, chevalier, seigneur d'Honoux et de la Courlette, président à mortier au parlement de Toulouse, et de Diane-Élisabeth de Richebourg.

Ils eurent pour enfants :

1° Guillaume, auteur de la PREMIÈRE BRANCHE DES CAMINADE DE GRANDVAL ET DE MONFALZAT, dont la filiation viendra ci-après;

2° Jean, auteur de la SECONDE BRANCHE des CAMINADE DE LA CALMETTE, dont il sera question plus loin;

---

(1) DE LAVAISSIÈRE : *d'azur, au coudrier d'or, à la bande de gueules brochante.*
(2) DE SAINT-JEAN D'HONOUX : *d'azur, à deux lions affrontés d'or, soutenant une cloche d'argent.*

3° Antoinette DE CAMINADE, née le 12 août 1523, mariée le 8 juillet 1541 à noble Antoine LE FRANC DE POMPIGNAN, écuyer, conseiller au présidial de Cahors ;

4° Noble Charles-Honoré DE CAMINADE, écuyer, capitaine de trois cents hommes de pied, né le 5 juin 1527, marié le 16 avril 1549 à Marie-Thérèse DE CADRIEU, fille de noble René-Clément de Cadrieu et d'Olive-Françoise de Doni, mort sans postérité.

PREMIÈRE BRANCHE

DES

DE CAMINADE DE GRANDVAL ET DE MONFALZAT

QUATRIÈME DEGRÉ

IV. Guillaume DE CAMINADE, écuyer, seigneur de Grandval, de la province du Quercy, épousa, vers 1530, noble Françoise DE JOUBERT (1), de la province de Rouergue, ainsi qu'il appert d'une ancienne note généalogique émanant de l'ancien cabinet d'Hozier.

De ce mariage est né le fils rapporté ci-après.

CINQUIÈME DEGRÉ

V. Pierre DE CAMINADE, écuyer, seigneur de Grandval, épousa, par contrat passé le 21 avril 1558, devant Poumarède, notaire de Villefranche de Rouergue, noble demoiselle Isabelle D'IMBERT DE CABANES (2), issue d'une vieille maison du Rouergue, de laquelle il eut le fils qui suit.

---

(1) DE JOUBERT : *d'azur, à trois chevrons d'or, au chef de Jérusalem.*

(2) D'IMBERT : *d'argent, à une fasce d'or, accompagnée en chef de 3 étoiles d'or, et en pointe d'un bélier passant d'argent.*

SIXIÈME DEGRÉ

VI. Jean-Gaubert DE CAMINADE DE GRANDVAL, chevalier, seigneur de Grandval et de Monfalzat, fut reçu procureur général au parlement de Toulouse, le 31 août 1598, et second président à mortier au même parlement, le 13 avril 1611; il épousa, le 24 mai 1599, noble Marthe DE BERTIER (1), fille de Philippe de Bertier, président à mortier du parlement de Toulouse, et de Catherine de Paulo, sœur du grand maître de Malte. Ils eurent de leur mariage :

1° Philippe qui a formé le degré suivant;
2° Jean-Bertrand DE CAMINADE, né le 10 octobre 1600, abbé de Belle-peyre, député du clergé de France pour la province de Languedoc, en 1651, décédé à Toulouse, le 21 février 1656 *(titre original)*;
3° Jean-Louis DE CAMINADE DE GRANDVAL, du diocèse de Toulouse, reçu chevalier de Saint-Jean de Jérusalem, en l'année 1632, dans la langue de Provence. (Voir ses preuves de noblesse au *Catalogue des Chevaliers de Malte, à la Bibliothèque de l'arsenal.)*

SEPTIÈME DEGRÉ

VII. Philippe DE CAMINADE, chevalier, seigneur de Monfalzat, né le 17 août 1602, fut reçu président à mortier au parlement de Toulouse, le 8 août 1637. Il épousa en premières noces, le 6 mai 1629, Françoise DE ROSIEZ (2), fille de Charles-Auguste de Rosiez, chevalier, seigneur de Ruffers et de Marie-Raphaele d'Alincourt. Il eut de ce mariage :

1° Paul-Henri-Timoléon DE CAMINADE, chevalier, seigneur de Monfalzat, mort à Toulouse, le 20 août 1633; avec lui s'est éteinte, dans sa descendance masculine, la branche des seigneurs DE GRANDVAL et DE MONFALZAT.

---

(1) DE BERTIER : *d'azur, au bœuf effaré d'or.*
(2) DE ROSIEZ : *d'azur, au chevron d'or, accompagné de trois roses d'argent.*

Philippe DE CAMINADE, se maria en secondes noces, le 26 juillet 1640, avec noble Anne DESPLATS (1), fille de Gabriel-Antoine Desplats, chevalier, seigneur de Graniague, et de Marie-Angélique de Normanville.

De ce second mariage sont nées quatre filles :

2° Marthe DE CAMINADE, mariée, le 20 mars 1656, à Jean-Georges DE GARAUD, chevalier, seigneur de Donneville, marquis de Miremont, baron de Mauvezin, président à mortier au parlement de Toulouse, dont vinrent :

A. Jeanne-Françoise DE GARAUD DE CAMINADE, mariée, le 29 août 1679, à Yves, marquis D'ALÈGRE DE TOURZELLES, prince d'Orange, chevalier des ordres du roi, *maréchal de France*, frère de la duchesse de Coislin.

De ce mariage vinrent :

AA. Emmanuel D'ALÈGRE, comte de Millau, colonel, tué le 9 mai 1705, sans alliance;

BB. Marie-Marguerite-Élisabeth D'ALÈGRE, dame du palais de la reine, mariée, le 6 janvier 1705, au comte DE RUPELMONDE, lieutenant général des armées du roi.

CC. Marie-Emmanuelle D'ALÈGRE, mariée, le 26 janvier 1713, à Jean-Baptiste-François DES MARETS, marquis de Maillebois, lieutenant général de la province de Languedoc, *maréchal de France*, chevalier des ordres du roi;

DD. Marie-Thérèse-Delphine-Eustache D'ALÈGRE, mariée, le 11 janvier 1696, avec Marie-Louis LE TELLIER DE LOUVOIS, marquis de Barbezieux, commandeur de Malte, ministre d'État, chancelier des ordres du roi, qui était veuf de la fille du duc d'Uzès, pair de France, chevalier des ordres du roi, avec cinq filles, mariées aux ducs de Montmorency-Châtillon, de Bouillon, d'Harcourt, de la Rochefoucauld, et de Villeroy, *maréchal de France*.

---

(1) DESPLATS : *d'azur, au lion léopardé d'or, couronné d'or, armé et lampassé de gueules, accompagné de 9 besans d'or rangés en orle.*

3º Marie-Gabrielle DE CAMINADE, mariée, le 17 février 1663, avec Pierre DE CHASTENET DE PUYSÉGUR, chevalier, seigneur de Barrast et de Realmont, de la maison des comtes de Puységur;

4º Marie DE CAMINADE, mariée, le 17 mars 1663, avec Pierre-François D'ASSEZAT DE TOUPIGNON, chevalier, président à mortier au parlement de Toulouse;

5º Henriette-Victoire DE CAMINADE, mariée, le 9 juin 1663, à Antoine DU PUY-MONTBRUN, chevalier, reçu avocat général au parlement de Toulouse, le 24 janvier 1654.

Ainsi s'est éteinte la branche des CAMINADE DE GRANDVAL et DE MONTFALZAT.

DEUXIÈME BRANCHE

LES

CAMINADE DE LA CALMETTE ET DE CHANLOUP

QUATRIÈME DEGRÉ

IV. Noble Jean CAMINADE, Ier du nom, écuyer, seigneur de la Calmette et de Chanloup, (fils cadet de Guillaume DE CAMINADE et de Catherine DE SAINT-JEAN D'HONOUX, voir page 4), né le 13 décembre 1525, a épousé, le 22 juin 1547, Florence-Magdelaine DE LIGNY (1), fille de noble Jacques de Ligny, écuyer, et de Marguerite du Plessis.

De ce mariage est né le fils rapporté ci-après.

CINQUIÈME DEGRÉ

V. Noble Joseph-Julien CAMINADE, écuyer, seigneur de la Calmette et de Chanloup, né le 28 janvier 1557, fut marié, le 12 mai 1588, à Élisabeth-Julie DE BLANC (2), fille de Pierre-Alexandre de Blanc, écuyer, et de Berthe de l'Isle.

Ils eurent pour enfants :

___

(1) DE LIGNY : *de gueules, à la fasce d'or, et un chef échiqueté de trois traits d'argent et d'azur.*
(2) DE BLANC : *d'azur, au griffon d'or rampant.*

1º Noble Sicard, qui a formé le degré suivant;
2º Noble Jean CAMINADE, IIᵉ du nom, écuyer, seigneur de Chanloup, major d'infanterie, tué au siège de Salses, sans avoir contracté d'alliance, le 20 septembre 1639;
3º Noble Rainard DE CAMINADE, dernier abbé régulier de Saint-Marcelin, de 1631 à 1647 (*Gallia Christiana*, tome Iᵉʳ).

SIXIÈME DEGRÉ

VI. Noble Paul-Sicard CAMINADE, écuyer, seigneur de la Calmette, né le 7 mars 1592, a épousé, le 17 novembre 1624, Jeanne DE SAINT-LAURENS (1), fille de noble Charles-César, seigneur de Saint-Laurens et de Jaudreville, et d'Amélie-Marguerite de Fisicat.

De ce mariage est né le fils qui suit.

SEPTIÈME DEGRÉ

VII. Noble Pierre CAMINADE, Iᵉʳ du nom, écuyer, sieur de la Calmette, né le 3 novembre 1628, a épousé, le 18 août 1664, Suzanne DE CROS DE COMBONÈGRE (2), fille de Louis-Auguste de Cros, écuyer, seigneur de Combonègre, capitaine de cavalerie, et de Jeanne-Sébastienne de Nantilly; il a été maintenu dans sa noblesse d'extraction, par ordonnance de M. de Besons, commissaire départi dans la province de Languedoc, en date du 20 septembre 1669.

De son mariage avec Suzanne DE CROS, Pierre CAMINADE eut trois enfants, savoir :

1º Jean, qui suit :
2º Pierre CAMINADE, IIᵉ du nom, écuyer, seigneur de la Calmette, né le 2 juin 1670, et marié à Isabelle ARMENGAUD DE BELLAVAL, mort sans laisser de postérité;
3º Élisabeth CAMINADE, mariée à Henry-Hector MARTEL, écuyer, sieur de Mazières.

---

(1) DE SAINT-LAURENS: *Écartelé : aux 1 et 4, d'azur, à l'aigle d'argent, accompagnée de trois besants du même; aux 2 et 3, de gueules, au chevron d'or, accompagné de trois besants de même.*
(2) DE CROS DE COMBONÈGRE : *d'argent, à 3 chevrons de sable, au lambel d'azur en chef.*

HUITIÈME DEGRÉ

VIII. Jean CAMINADE, IIIe du nom, écuyer, seigneur de la Calmette, né le 4 novembre 1668, a épousé, le 5 avril 1697, Marie VIALA DE MALRIEU (1), fille de Jean-Dominique Viala de Malrieu, écuyer, sieur de la Crouzette, et de Marie-Louise Pagès.

De cette union sont issus trois enfants, savoir :

> 1° Jean, qui suivra;
> 2° Louise-Thérèse CAMINADE, religieuse;
> 3° Suzanne-Victoire CAMINADE, religieuse.

NEUVIÈME DEGRÉ

IX. Jean CAMINADE DE CASTRES, IVe du nom, écuyer, seigneur de l'ancienne baronnie de Touvres, en Angoumois, seigneur de Caminade près la Crouzette, de Castres, de Châtenet, de Beauregard, de Briatexte, d'Assac, d'Avron, de Nieul, de Balzac, de Champniers, de Mornac, de Garat-Sainte-Catherine, d'Agrix, de Cougens, de Linars, d'Auvillers, et autres lieux, écuyer ordinaire de la reine, ancien officier, naquit le 1er octobre 1711, et fut marié, en premières noces, le 26 février 1742, à Marie-Anne DE CHALOPIN (2), fille d'Olivier Chalopin, écuyer, sieur de la Plesse et de Chevigné, et de Anne de Gouthières; et en secondes noces, le 4 décembre 1756, à Jeanne-Catherine REGNIER DE FRESNAY (3), veuve de Guillaume de Creissac.

De son premier mariage, Jean CAMINADE laissa .

> 1° Claude-Olivier, qui suit;
> 2° Marc-Alexandre CAMINADE DE CASTRES, auteur de la troisième branche des CAMINADE DE CASTRES rapportée ci-après;

---

(1) VIALA DE MALRIEU : *Pallé de sable et d'argent de six pièces.*
(2) DE CHALOPIN : *d'argent, à 3 roses de gueules, 2 et 1.*
(3) REGNIER DE FRESNAY : *d'azur, à un chevron d'or, accompagné de trois quintefeuilles du même.*

3° Jean-Jacques Caminade de Châtenet, auteur de la quatrième branche des Caminade de Châtenet, rapportée après son aînée;

4° Jean-François Caminade de Beauregard, écuyer, seigneur de Beauregard, né en 1752, officier des chasses du roi, et lieutenant de sa louveterie, décédé sans avoir contracté d'alliance, le 30 prairial an XI (1803).

5° Anne-Céleste Caminade de Castres, mariée, le 16 avril 1769, à N. Portier de Bussey, écuyer, ancien officier du roi.

DIXIÈME DEGRÉ

X. Messire Claude-Olivier Caminade de Castres, écuyer, seigneur des Marquisat de Bains, de Boulogne, d'Hinvillers, des terres et seigneuries de Tartigny, de Kergadon, du Breuil Sainte-Geneviève, de Kerambars, de Châtenet, en Angoumois, et autres lieux, né le 9 février 1745, fut commandeur des ordres de Saint-Michel et du Saint-Esprit, conseiller du roi en ses conseils, maître des requêtes honoraires de l'hôtel de Son Altesse royale Monseigneur le comte d'Artois, juge auditeur général de l'infanterie et du régiment des gardes françaises, premier substitut du pro

cureur de Sa Majesté en la Varenne du Louvre, lieutenant de la louveterie de France, contrôleur général des menus de la maison du duc d'Orléans, ancien trésorier-receveur général de la province du Dauphiné et de la principauté d'Orange, contrôleur général des domaines et finances du Bourbonnais; . il demeurait aux lieu et château de Bains, paroisse de Boulogne, diocèse d'Amiens et élection de Montdidier.

Il épousa en premières noces, le 2 octobre 1773, Marie-Sophie Dionis (1), fille de Charles Dionis, écuyer, ancien mousquetaire dans la première compagnie de la garde du roi, et d'Henriette-Madeleine Besnier de Nardouet; et en secondes noces, le 26 septembre 1789, Anne-Flore-Félicité Lamirault (2), fille de Jean-Jacques-Pierre Lamirault, écuyer, sieur de Cerny, ancien commissaire de la

---

(1) Dionis : *d'azur, à 3 ananas d'or, au chef du même, chargé d'une croix potencée de gueules.*

(2) Lamirault : *d'or, à la rose de gueules, au chef du même, chargé d'un lion passant d'argent.*

marine et des colonies, et de Catherine-Françoise de Montfragon. De ce dernier mariage il a eu un seul fils :

> Alphonse-Marc-Auguste CAMINADE DE CASTRES, né le 27 septembre 1790, décédé à trois mois et demi.

TROISIÈME BRANCHE

DES

CAMINADE DE CASTRES

DIXIÈME DEGRÉ

X. Messire Marc-Alexandre CAMINADE DE CASTRES, écuyer, seigneur de Briatexte, d'Assac, et autres lieux, (fils puîné de Jean CAMINADE DE CASTRES, écuyer, seigneur de Castres, seigneurie entrée dans cette famille en 1600, voir le *Dictionnaire des fiefs de Genouillac*, de Châtenet, etc., écuyer ordinaire de la reine, et de Marie-Anne de Chalopin), né le 27 février 1746, fut secrétaire de Monseigneur le prince de Condé, et secrétaire des commandements de la duchesse de Bourbon, et membre de plusieurs sociétés savantes; il se maria, le 5 novembre 1778, avec Louise-Thérèse DU PUTEL DE LA CROIX.

Il eut de cette alliance :

> 1° Renée-Amélie-Justine CAMINADE DE CASTRES, née le 22 août 1779, et mariée avec Jean-Charles-Aman BOURSY, commandeur de l'ordre royal de la Légion d'honneur, directeur général des finances et conseiller d'État;
>
> 2° Amédée-Jacques-Marie CAMINADE DE CASTRES, né le 24 septembre 1785, chevalier de Saint-Louis, commandeur de l'ordre royal de la Légion d'honneur, maréchal de camp, général de brigade, commandant de l'école de Saint-Cyr et d'état-major, marié, le 26 avril 1817, avec Marie-Josephe KUHMANN, fille du colonel baron Kuhmann, chevalier de la Légion d'honneur, et de dame Françoise Kastner.

ONZIÈME DEGRÉ

XI. Alexandre-François-Marie Caminade de Castres, né le 14 décembre 1783, chevalier de la Légion d'honneur, a épousé, le 31 janvier 1818, Joséphine-Élisa Landon, fille de François-Joseph-Robert Landon, et de dame Françoise Boucher.

Ils ont eu quatre enfants, savoir :

> 1° Eugénie-Caroline Caminade de Castres, née le 21 septembre 1824, mariée, le 18 juin 1846, avec Théophile-Nicolas-François Moreau, chevalier de la Légion d'honneur, directeur à l'hôtel de la Monnaie de Paris ;
>
> 2° Auguste-Prosper Caminade de Castres, né le 21 septembre 1820, chevalier de la légion d'honneur, chef de bataillon de zouaves, tué à l'assaut de Sébastopol, en Crimée, le 8 septembre 1855 ;
>
> 3° Paul-Amédée Caminade de Castres, né le 9 novembre 1818, officier de la Légion d'honneur, directeur des contributions indirectes du département de la Seine, marié, le 11 août 1847, à Marie-Adèle Fleury, dont il a eu :
>> A. Antoinette-Élise-Marguerite Caminade de Castres, née le 7 juillet 1848, entrée religieuse au couvent de la Visitation, en août 1873 ;
>>
>> B. Mathilde Caminade de Castres, mariée, le 14 mai 1873, avec Louis Lahure, capitaine dans l'armée territoriale.
>
> 4° Ernest-Adolphe, dont l'article suit.

DOUZIÈME DEGRÉ

XII. Ernest-Adolphe Caminade de Castres, né le 28 juin 1830, percepteur des finances, a été maintenu en possession de ses noms de Caminade de Castres par jugement du tribunal civil de la Seine rendu le 16 juin 1877 ; il a épousé, le 24 août 1858, Marie-Thérèse Thorel, fille de Louis-Camille Thorel, maire de Boos, et de Thérèse-Victoire Carré, dont il a les enfants ci-après :

> 1° Marie-Thérèse-Alexandrine Caminade de Castres, née le 8 juin 1859 ;
>
> 2° Louis-Auguste Caminade de Castres, né le 16 janvier 1861, décédé le 30 janvier de la même année ;
>
> 3° Louis-Édouard Caminade de Castres, né le 13 septembre 1865 ;
>
> 4° Joseph-Louis-Charles Caminade de Castres, né le 26 janvier 1863.
>
> 5° Pierre-Alfred Caminade de Castres, né le 15 avril 1869 ;
>
> 6° Jean Caminade de Castres, né le 19 octobre 1874.

QUATRIÈME BRANCHE

DES

CAMINADE DE CHATENET

DIXIÈME DEGRÉ

X. Messire Jean-Jacques CAMINADE DE CHÂTENET, écuyer, seigneur de
Châtenet, (3ᵉ fils de Jean CAMINADE DE CASTRES, IVᵉ du nom, écuyer,
seigneur de Castres, de Châtenet, ancienne propriété royale ayant
appartenu à Louise de Savoie, mère de François Iᵉʳ, *Histoire de
Cognac,* par Morvan, et autres lieux, écuyer ordinaire de la reine,
et de Marie-Anne DE CHALOPIN), naquit le 22 novembre 1751 ; il fut
lieutenant de la louveterie, officier des chasses du roi, contrôleur géné-

ral de la chambre du duc d'Orléans, juge magistrat en
la sénéchaussée d'Angoumois, et reçut du roi Louis XV
des lettres de ratification de la vente des fiefs de Châtenet,
de Mornac, de Nieul et autres lieux. Le comte d'Artois
nomma Jean-Jacques CAMINADE DE CHÂTENET procureur du
roi, à Cognac, par brevet du 8 mai 1783 *(titre sur parchemin) ;* puis il devint procureur général, président de l'administration du
département de la Charente, membre du conseil général, député de la

Charente en 1815, etc. ; il se maria deux fois : en pre-
mières noces, le 29 janvier 1783, à Marie-Jeanne-
Adélaïde D'ACHERY (1), fille de noble Nicolas-Ambroise
D'ACHERY, chevalier, et d'Élisabeth-Adélaïde DE GULDIMANN,
d'une famille noble de Saint-Quentin, issue du fameux
Pierre D'ACHERY, plus connu sous le nom de *Pierre l'Iler-
mite ;* et en secondes noces, le 20 juin 1791, à Élisabeth-Victoire
BERNARD DE LA POMMERAYE ET DES BARRIÈRES (2), sœur du président de ce

---

(1) D'ACHERY : *d'azur, à deux haches d'argent, passées en sautoir, accompagnées en chef d'une étoile
d'or, et en pointe d'une fascine du même.*

(2) BERNARD, seigneurs DE LA POMMERAYE ET DES BARRIÈRES : *d'azur, à la croix haussée d'or
soutenue d'un croissant d'argent.*

nom au tribunal civil de Cognac sous la Restauration. Deux fils seulement sont issus de son premier mariage, savoir :

> 1° Marie-Jean-Louis-Victor CAMINADE DE CHÂTENET, écuyer, seigneur de Châtenet, né à Cognac, le 22 juillet 1786, et décédé le 28 octobre de la même année;
>
> 2° Marie-Olivier-Jacques-Augustin, qui suit.

ONZIÈME DEGRÉ

XI. Messire Marie-Olivier-Jacques-Augustin CAMINADE DE CHÂTENET, écuyer, seigneur de Grandmont, de la Pommeraye, du Grand parc de Cognac et autres lieux, né le 6 janvier 1784, fut chevalier de l'ordre royal de la Légion d'honneur, sous-préfet de Cognac en 1807, conseiller général, député de la Charente en 1830 et membre de la Société des gens de lettres de Paris; il a épousé, par contrat passé devant Mᵉ Boursier,  notaire à Paris, le 2 juillet 1802, Marie-Julie-Françoise DE LAVILLE (1), fille de messire Pierre-Nicolas DE LAVILLE, chevalier, seigneur de Solençon, de la Billarderie, de Vaujompe et autres lieux, ancien officier de marine, beau-frère des amiraux comtes de Lacary, de La Touche-Tréville et de Villeblanche, et de Marie-Marguerite GÉRARD DE CHARTRETTE. Ils ont eu trois enfants, savoir :

> 1° Claire-Magdelaine-Adélaïde CAMINADE DE CHÂTENET, née le 18 septembre 1818, et mariée, le 22 mai 1844, à Charles-Étienne DE GIGORD, ancien sous-préfet ;
>
> 2° Louis-Auguste-Félix CAMINADE DE CHÂTENET, né le 8 décembre 1808, a épousé, le 3 juillet 1853, Eulalie-Augustine GENTY, dont :
>
>> A. Léonie-Marguerite CAMINADE DE CHÂTENET, née le 2 mai 1854, morte, le 1ᵉʳ novembre 1871, sans alliance;
>>
>> B. Marie-Berthe-Thérèse CAMINADE DE CHÂTENET, née le 7 décembre 1855, décédée le 10 avril 1856 ;
>>
>> C. Joséphine-Eulalie-Marthe-Louise CAMINADE DE CHÂTENET, née le 12 octobre 1863, mariée, le 19 mars 1885, au vicomte Georges DE MALLET-ROQUEFORT;
>
> 3° Jacques-Ernest-Jules, qui suit.

---

(1) DE LAVILLE : *d'argent, au pal de gueules, et une bordure crénelée du même.*

DOUZIÈME DEGRÉ

XII. Jacques-Ernest-Jules CAMINADE DE CHÂTENET, propriétaire des terres de Bourgnouveau, Château-Bruslé et autres lieux, né le 7 octobre 1810, a épousé, par contrat du 22 janvier 1839, reçu par Mᵉ Quantin Lagagnerie, notaire à Cognac, Marie-Pauline-Maly FOREST DE LACOINCHE (1), fille de Jean-Louis, seigneur de LA FOREST DE LACOINCHE et autres lieux, et de Marie-Anne CHAUVET, de Saint-Fort, de Jaffe et de la Robinière. Ils ont laissé le fils qui suit.

TREIZIÈME DEGRÉ

XIII. Jacques-Louis-Ernest CAMINADE DE CHÂTENET, né à Cognac le 26 octobre 1839, et résidant dans la partie de l'ancien château de Cognac appelée d'Alençon, acquise par cette famille en 1789 du comte d'Artois (*titre sur parchemin*). Il a été maintenu en possession de ses noms de CAMINADE DE CHÂTENET par jugement du tribunal civil de Cognac, rendu le 7 avril 1865, et dont il n'a pas été interjeté appel; il est propriétaire des

châteaux de Caminade, près Cahors, de Châtenet-sur-Charente, et des domaines de la Forest de Bourgnouveau; il a épousé, le 14 décembre 1875, Louise-Zoé DE MONTAIGNAC DE CHAUVANCE (2), fille de Gilbert-Palamède, vicomte de Montaignac de Chauvance, conseiller général de l'Allier, et de Marie-Laure-Amable de Lagrange de la Ronde (voir *Livre d'or de la Noblesse, Registre IV*); il est décédé, le 2 août 1885, laissant de son mariage deux filles :

1° Marie-Louise-Julie-Edith, née le 16 juin 1877 ;
2° Marie-Louise-Claire-Henriette, née le 26 août 1882.

---

(1) FOREST DE LACOINCHE : *losangé d'argent et d'azur.*
(2) DE MONTAIGNAC DE CHAUVANCE : *de sable, au sautoir d'argent, accompagné de 4 molettes d'or.*

PARIS. — IMPRIMERIE CHAIX (S.-O.). — 15176-5.

9 782012 946491